Atempausen in der Natur

Im Hier und Jetzt

Die Natur bietet uns viele Möglichkeiten, einfach mal abzuschalten und wieder zu uns selbst zu finden – hier können wir durchatmen, neue Kraft schöpfen und unseren Blick für ihre einzigartige Schönheit öffnen. Lass dich inspirieren von ihrer heilenden Wirkung, ihren vielfältigen Facetten und lade neue Energie auf.

Spür die Natur in dir!

Alles, was deiner Seele

Licht und Wärme

spendet, freut mein Herz.

Robert Hyllus

Wir brauchen
Atempausen,
damit unsere Seele
ihren Glanz behält.

Angelika Emmert

Für Körper und Geist gibt es
nichts Wohltuenderes
als diese Ruhe und diese Stille,
die nur die Natur uns
schenken kann.

Irmgard Erath

Die Natur
ist ein sehr gutes
Beruhigungsmittel.

Anton Tschechow

Das Gesicht eines Waldes strahlt *Ruhe und Wärme* aus.

Friederike Weichselbaumer

Ein Spaziergang
durch Wald und über Wiesen
führt uns auf die richtige Spur,
zu mehr innerer Ruhe und
Gelassenheit
im Leben.

Elfriede Engel

Wenn deine Wurzeln stark sind,

fühlst du dich mit allem verbunden.

Roswitha Bloch

Dein Herz soll im Einklang
mit den Herzen der Erde schlagen.
Du sollst fühlen, dass du ein

Teil des Ganzen

bist, das dich umgibt.

Weisheit der Cheyenne

Des Menschen Geist gleicht sehr dem Wasser:

Sein Wesen, ein stiller See, seine Gefühle ein Strom.

Dschu Hsi

Tief im Menschen sprudelt eine Quelle *unendlicher Kraft*,
die nie versiegt und hervorkommen möchte, um dem Alltag eine Seele zu geben.

unbekannt

Wer ins kalte Wasser springt,
taucht ins Meer
der Möglichkeiten.

aus Finnland

Tauche ein

Wenn du auf deinem Spaziergang an einer Wasserstelle vorbei kommst,
lass sie nicht links liegen, sondern nutze sie
für einen belebenden Moment der Erfrischung.
Mit dem Auto an einen See zu fahren ist zwar schneller,
viel herrlicher aber ist es, auf einem Spaziergang
eine wenig besuchte Stelle an einem Gewässer
zu entdecken und die Gelegenheit beim Schopfe zu packen.
Einfach reinspringen und sich vom Wasser umschließen lassen.

Atme tief durch und
tanke neue Energie!

Die Schönheit der Erde kann man nicht kaufen,

sie gehört dem, der sie entdeckt,
der sie begreift und versteht,
sie zu genießen.

Henry Bordeaux

Willst du wissen was Schönheit ist,
so gehe hinaus in die Natur,
da findest du sie.

Albrecht Dürer

In der Einfachheit und Stille der Natur findet der Mensch die Lebenskraft.

Peter Urban

Die vielen Bäume

und die wenigen Menschen –
die machen den Wald so schön.

Otto Weiss

Orte der Stille

inmitten der Natur sind Stationen,
an denen wir anhalten können, um neue
Antriebskraft zu tanken.

Yvonne Mölleken

Nicht immer erreichbar sein
für alle und jeden, lieber im
Sonnenschein
sich mit Stille umgeben.
Elfriede Engel

Die Sonne erklärt
neugierigen Schneeglöckchen
das Wunder des Lichts.

Ernst Ferstl

In der Natur kann ich Wunder schauen,

wenn ich still sitze und mich öffnen
für den Glanz, die Farben und die Düfte.

Carmen Steinschnack

Die Welt ist voll von
magischen Dingen,
die geduldig darauf warten, dass
unsere Sinne schärfer werden.
William Butler Yeats

Die Magie des Anfangs

Überwinde deinen inneren Schweinehund und stell dir den Wecker extra früh, um den Sonnenaufgang live mitzuerleben. Informiere dich vorher, zu welcher Uhrzeit die Sonne aufgeht und suche dir dann einen Ort, an dem du freie Sicht in Richtung Osten hast. Ganz egal, ob auf einer kleinen Erhöhung in der Stadt oder auf einem freien Feld – den Zauber des Tagesanfangs kannst du überall erleben. Genieße den Moment, wenn die ersten feinen Strahlen am Horizont erscheinen und die Umgebung in ein warmes Licht tauchen.

Was für ein wundervoller Moment!

Schöne Dinge
wachsen inmitten
der Dornen.

aus dem Kongo

Die Natur malt uns Bilder

unendlicher Schönheit.

Tag für Tag,

wenn wir nur Augen haben,
sie zu sehen.

John Ruskin

Über dem Meer tanzt Sonnenschein,

der Wind vertreibt kleine Sorgen

und lässt uns das Leben froh genießen.

Elfriede Engel

Das freie Meer

befreit den Geist.

Johann Wolfgang von Goethe

Bewahre deine Seelenruhe
auch den Widerwärtigkeiten
des Alltags gegenüber.

Horaz

Den Puls des eigenen Herzens fühlen.

Ruhe im Innern, Ruhe im Äußern.
Wieder Atemholen lernen, das ist es.

Christian Morgenstern

Beschließe einen Neuanfang und genieße

den Zauber
dieses Augenblicks.

Yvonne Mölleken

Jeden Morgen

dürfen wir neu anfangen.
Jeder Tag bietet neue Möglichkeiten
zum Glücklichsein.

Merle Berghoff

Die Freiheit ist der Atem des Lebens.

Alfred Delp

Die Seele ist wie der Wind,

der über die Kräuter weht,
wie der Tau, der über die Wiesen sich legt,
wie die Regenluft, die wachsen macht.

Hildegard von Bingen

Wenn du vor *Regentropfen* nicht davonläufst,
wirst du erkennen, wie wunderschön sie sind.

Hsiao Shiwei

Wind und Wetter trotzen

Ein altes Sprichwort besagt, dass es kein schlechtes Wetter, sondern nur unpassende Kleidung gibt. Es kostet sicherlich etwas Überwindung bei kaltem Nieselregen nach draußen zu gehen, doch es lohnt sich! Gerade bei einem Spaziergang durch die Natur nehmen wir unsere Umgebung dann ganz anders wahr, als bei Sonnenschein und angenehmen Temperaturen. Achte bei diesem Spaziergang auf die kleinen Dinge: Wo sammelt sich das Wasser, welche Geräusche oder Gerüche nimmst du wahr und wie vielen Menschen begegnest du?

Merkst du, wie sich die Luft verändert und du das Gefühl bekommst, wieder freier atmen zu können?

Zu jeder Zeit kann man
Hoffnung schöpfen
aus der Schönheit
der Natur.

Judy Parker

Es liegt eine wunderbare Heilkraft in der Natur.

Oft gibt der Anblick eines schönen Abendhimmels,
der Duft einer Blume, der bedrückten Seele Hoffnung
und Lebensmut zurück.

Sophie Alberti

Wenn du strauchelst,
weil dir die Arbeit zu schwer wird,
möge die Erde tanzen,
um dir das Gleichgewicht
wiederzugeben.

aus Irland

Ruhe
bringt Gleichgewicht
und Leichtigkeit.
Zhuangzi

Der Blick auf den Gipfel
eines Berges schenkt
den Gedanken Flügel.

Friederike Weichselbaumer

Wenn es einen Glauben gibt,
der Berge versetzen kann, so ist es

*der Glaube an
die eigene Kraft.*

Marie von Ebner-Eschenbach

Das Ziel des Lebens ist ein Leben im *Einklang mit der Natur.*

Zenon von Kition

Konzentriere dich in deinem Leben
auf wesentliche Dinge und

lebe mit dir und der Welt

in Harmonie.

Seneca

Besinnung auf das Wesentliche

ist der beste Weg,
stressige Zeiten
gelassen zu meistern.

Marielle Schumann

Der
Blick in die Weite
hilft zuweilen, dass man sich
auf das Nächste besinnt.
Emil Baschnonga

Manchmal ist es
gerade die Dunkelheit,
die uns hilft, besser zu sehen.
Irmgard Erath

Taschenlampen-wanderung

Um die Natur einmal ganz anders wahrzunehmen, eignet sich eine Wanderung oder ein Spaziergang bei Nacht. Wähle dafür einen Weg, auf dem du dich auch im Dunkeln wohlfühlst und frage Freund*innen, ob sie dich begleiten möchten. Mit einer Taschenlampe ausgestattet, kannst du dich nun auf unbekanntes und aufregendes Terrain wagen. Hörst du das Rascheln des Windes in den Bäumen? Siehst du Sterne am Himmel? Und wie ändert sich deine Wahrnehmung? Die innerliche Spannung bei einer solchen Wanderung lässt dich wachsam werden und schärft deine Sinne für kleine und aufregende Details.

Zeit für ein Abenteuer, das dir den Atem raubt!

Draußen fühlt man sich

groß und frei

wie die große Natur,
die man vor Augen hat.

Johann Wolfgang von Goethe

Die Natur befreit den Geist.

unbekannt

Jede Blume ist ein

kleines Wunder.

Es ist, als lacht dir die Sonne entgegen.

Paul Hufnagel

Das wahre Glück im Leben,

das sind die kleinen Sonnenstrahlen,
die uns jeden Tag auf den Weg fallen.

unbekannt

Jedes Wasser hat seine Quelle, jede Pflanze seine Wurzel.

aus China

Innerhalb der Natur

steht alles, was eine Seele hat,
miteinander in einer
ursprünglichen Verbindung.

Edith Stein

Wie reich ist diese Erde
an kleinen, guten,
vollkommenen Dingen,
an Wohlgeratenem.

Friedrich Nietzsche

Sonnenblumen sind das
Versprechen der Natur,
dass sich alles zum
Guten wendet.

Judy Parker

Wir können
die Zeit nicht anhalten,
aber innehalten
können wir zu
jeder Zeit.

Kurt Haberstich

Manchmal ist das Wichtigste

am ganzen Tag die Pause,
die wir zwischen zwei tiefen Atemzügen machen.

Etty Hillesum

Tu was deinen Geist und deine Seele nährt,
freu dich über Menschen und Dinge,
die dich erfüllen.

Geh in die Natur und erde dich,

tanke Kraft, atme durch und lebe.

Angelika Emmert

Sich ausbreiten wie ein Baum, Erde fühlen, *Kraft spüren,*
dem Licht zuwenden. Sonne atmen, mit Freude leben.

Else Pannek

Einem offenen Blick bleiben auch die
kleinen Wunder
nicht verborgen, die die Natur uns schenkt
Brigitte Theilen

Die Welt im Kleinen

Manchmal nehmen eigentlich kleine und eher unwichtige Dinge in unserem Leben viel Raum ein, sie stressen uns und sind sehr präsent in unserem Alltag. Um mehr Ausgeglichenheit in unsere Gedanken zu bringen, kann es helfen, die Perspektive für einen Moment zu verändern. Wenn du das nächste Mal nach draußen gehst, nimm eine Lupe mit und lege oder setze dich ins Gras, Moos oder auf die Erde. Wenn du die Lupe nun nah an den Boden hältst, kannst du einen ganz neuen Kosmos entdecken, mit vielen kleinen Bewegungen und Details. Besinne dich darauf, dass alles in Relation gesetzt werden kann und die Dinge dadurch häufig ihren Schrecken verlieren.

Nutze diese Erkenntnis, um zur Ruhe zu finden.

Bieten sich
Freuden,
so soll man
sie genießen.
Samuel Johnson

Alles, was Natur

an Gutem schenken kann,
schenkt sie uns in Fülle.
Und dazu die Begabung,
all das zu genießen.

Sprichwort der Native Americans

Hebe deinen Blick von der Erde zum Himmel –
welch bewundernswürdige Ordnung zeigt sich da!

Leo Tolstoi

Auf der Erde

gibt es keinen Himmel,
aber es gibt Teile davon.

Jules Renard

An einem schönen Tag
im Schatten zu sitzen
und ins Grüne zu blicken,
ist die beste aller Erquickungen.

Jane Austen

Blicke in die schöne Natur
und beruhige dein Gemüt!

Ludwig van Beethoven

Die Erde ist noch immer voll schöner Wunder.

Joseph von Eichendorff

Auf unserem Streifzug über Wiesen
und durch Wälder entdecken wir
viele kleine Schätze,
aus denen unsere Phantasie
Wunderbares entstehen lässt.

Elfriede Engel

Ruhe bringt Gleichgewicht und Leichtigkeit. Gleichgewicht und Leichtigkeit bringen inneren Frieden und Gelassenheit.

Zhuangzi

Das Glück ist wie
ein Schmetterling:

Läufst du hinter ihm her, wirst du es
nie einfangen. Setzt du dich ruhig hin,
kann es kommen und sich
auf dir niederlassen.

Nathaniel Hawthorne

Im Herzen der Menschen

lebt das Schauspiel der Natur;
um es zu sehen, muss man es fühlen.

Jean-Jacques Rousseau

Das Beste für das *innere Gleichgewicht* sind kleine Pausen draußen in der Natur.

Irmgard Erath

Wir lagen auf
der Wiese und
baumelten
mit der Seele.

Kurt Tucholsky

Picknick im Grünen

Packe eine Decke, Getränke und etwas zu Essen in einen Korb oder deine Tasche und mach dich damit auf an einen Ort in der Natur, an dem dich nicht zu viel Trubel umgibt. Sobald du den perfekten Platz gefunden hast, zum Beispiel auf einer hellen Lichtung im Wald oder einer kleinen Erhöhung auf einer Wiese, kannst du es dir gemütlich machen. Nimm die Ruhe und alles um dich herum wahr und lass es dir mit dem Mitgebrachten so richtig gut gehen.

Lass dich auf einen Augenblick der Entschleunigung ein und genieße den Moment in vollen Zügen!

In der Stille der Natur
ist es gut möglich. ungestört eine
Zwiesprache
mit dem eigenen Herzen zu halten.
Yvonne Mölleken

Die Stille

ist nicht auf den Gipfeln
der Berge, der Lärm nicht
auf den Märkten der Städte,
beides ist in den
Herzen der Menschen.

aus Indien

Gönnen wir uns stille Momente,

lassen wir unsere Gedanken wandern,
entlang der Bäume und Wege,
dann finden wir neue Stärke, eine Klarheit,
die uns wie eine Quelle erfrischt und belebt.

Elfriede Engel

Zum Herzen führen nicht große Straßen, nur stille Wege.

aus der Türkei

Lass dich ein auf den Zauber
der Natur, hab' keine Angst,
lass dich fallen, lass einfach los.

Breite deine Flügel aus,

lass dich tragen vom Wind
in die Weite des Himmels.

unbekannt

Jeder Mensch hat
in seinem Leben Begrenzungen,
aber er kann wie ein Garten sein:
offen nach oben.

Gisela Maczey

Wenn wir die
Natur auf uns
wirken lassen,
werden wir ruhig und finden
zurück zu uns selbst.
Marielle Schumann

Und wenn du auch die Kraft hast,
einen Berg zu versetzen,
so brauchst du noch einen Verstand,
der so groß und so ruhig ist,
wie ein Ozean.

aus China

Eine Wanderung im Nebel ist wie
ein Eintauchen in eine andere Welt.
Das Konkrete ist verwischt.
Das Undeutliche regt
die Phantasie an und schärft die

Beobachtungsgabe.

Kurt Haberstich

Nach dem langen Weg durch den Nebel
möge dir die wärmende Sonne begegnen.

Irischer Segenswunsch

Der Glanz des Alltags
entsteht durch die unscheinbaren
kleinen Kostbarkeiten,
die uns die Natur schenkt.

Marielle Schumann

Die meisten Menschen
wissen gar nicht,
wie schön die Welt ist und wieviel
Pracht in den kleinsten Dingen,
in einer Blume, einem Stein,
einer Baumrinde oder einem Birkenblatt
sich offenbart.

Rainer Maria Rilke

Wirf deine *Gedanken wie Herbstblätter* in einen blauen Fluss, schau zu, wie sie hineinfallen und davontreiben – und dann vergiss sie.

Zen-Weisheit

Wieder Kind sein

Wenn du auf einer Brücke stehst, wirf doch mal wieder ein Laubblatt oder ein Stöckchen ins Wasser und wechsle dann auf die andere Seite, um zu sehen, wie lange es dauert, bis du es im fließenden Wasser wieder entdeckst. Konzentriere dich dabei nur auf deinen Blick nach unten und versuche, alles andere für einen Moment auszublenden. In diesem Augenblick zählt nur die Strömung des Wassers und wie es unbeirrt seinen Weg findet. Nimm die beruhigende Wirkung deiner Umwelt wahr, und erlaube dir dabei aber auch die kindliche Freude und Aufregung, wenn Blatt oder Stock wieder zum Vorschein kommen.

Betrachte die Natur
durch die Augen eines Kindes!

Alle Menschen

werden die Wahrnehmungen machen,
dass man auf hohen Bergen,
wo die Luft rein und dünn ist,
freier atmet und sich körperlich
leichter und geistig heiterer fühlt.

Jean-Jacques Rousseau

Die Berge stehen, wo sie stehen, sie wissen, wo sie hingehören.

Olav Dunn

Auch eine

kleine Freude

kann das größte Glück sein.

Nina Sandmann

Blumen machen die Menschen fröhlicher,

glücklicher und hilfsbereiter.
Sie sind der Sonnenschein, die Nahrung
und die Medizin für die Seele.

Luther Burbank

Die kräftigsten Bäume

wachsen unter den
schwierigsten Bedingungen.

J. Willard Marriott

Nur wer
fest verwurzelt
ist, wird die Stürme
des Lebens überstehen.

Esther Damm

Hätten unsere
Augen keine Tränen,
hätte unsere Seele
keinen Regenbogen.

Sprichwort der Native Americans

Die Berührung

der Seele mit der Natur
macht den Verstand fruchtbar
und erzeugt die Phantasie.

Henry David Thoreau

Alles loslassen

und sich vom Wind treiben lassen –
– so entdeckt man Neues.

unbekannt

Das Rauschen des Windes
und das Rauschen des Meeres
vereinen sich in einer

Melodie,

der ich gerne lausche.

Friederike Weichselbaumer

In aller Stille

lässt die Natur die Blumen blühen,
die Früchte reifen, die Sterne leuchten ...
In aller Stille vollbringt sie
die größten Wunder.

Irmgard Erath

Unsere Seele

mit kleinen Dingen in Berührung bringen,
unsere Aufmerksamkeit haften lassen an Blumen
und der Stille im Wald, das bringt uns
Sinnhaftes zurück ins Leben.

Angelika Emmert

Finde heraus, was du tun willst,

und tu es dann aus vollem Herzen.

Buddha

Die einzige Welt,

in der einer ganz er selbst
sein kann, ist die Natur.

Boris Pasternak

Gehe, als würdest du mit deinen Füßen *die Erde küssen.*

Thich Nhat Hanh

Spür die Natur

Wie wäre es mal mit ein bisschen Abwechslung beim nächsten Spaziergang? Häufig gehen wir die immer gleichen Runden und meinen, jedes Detail auf dem Weg bereits zu kennen. Die Routine verschließt dann unsere Augen für die vielen zauberhaften Kleinigkeiten auf unserem Weg, die es gar nicht erst in unsere Beobachtung schaffen. Dem entgegenzuwirken ist aber glücklicherweise ganz leicht: Zieh einfach mal die Schuhe aus und laufe ein Stück des Weges barfuß. So entschleunigst du nicht nur deinen Gang, sondern nimmst den Weg, den Untergrund und all die bisher unbeachteten Details wahr. Ist der Boden weich oder hart? Piekt er oder spürst du Unebenheiten? Wo fühlst du dich am wohlsten?

Erlebe das Erdreich unter dir
und verbinde dich mit der Natur
um dich herum!

Die Wildnis

ist es, die die Welt bewahrt.

Henry David Thoreau

Das Wasser ist *das schönste Ding* der Welt.

Thales von Milet

Träumen – die Stille, die Ruhe, die
Einsamkeit genießen und Kraft schöpfen,
um neu beginnen zu können.

unbekannt

Ich weiß nichts mit Sicherheit,

aber der Anblick der Sterne lässt mich träumen.

Vincent van Gogh

Die Natur gibt dir viele Möglichkeiten,

Glück zu spüren.

Paul Hufnagel

Ich ziehe los auf der
Jagd nach dem Glück,
komme erst mit der Nase
voll Düften und dem Kopf
voll bunter Abenteuer zurück.

Marlen Kleinhans

Wo man
Schönheit findet,
gleichgültig ob in der Natur,
im Spiegel oder in der Kunst,
da findet man auch innere Ruhe.

Paul Wilson

Die Natur malt die *schönsten Bilder.*

Ralph Waldo Emerson

Im Garten der Geduld
wächst die Stärke.

Judy Parker

Alles wahrhaft Große

vollzieht sich durch langsames,
unmerkliches Wachsen.

Seneca

Wenn du gut hinhörst,
wird immer irgendwo
ein Vogel singen.

unbekannt

Besuch in der Vogelwelt

Egal, ob im eigenen Garten, im Stadtpark oder im nahegelegenen Wald – Vögel sind fast überall unterwegs. Sie aktiv und ganz bewusst zu beobachten, bringt nicht nur Freude, sondern lässt uns auch zur Ruhe kommen. Wichtig ist dabei vor allem, dass du dich ganz ruhig verhältst und dich möglichst wenig bewegst, um die Vögel nicht zu vertreiben. Such dir also einen ruhigen Ort mit gutem Ausblick und warte geduldig ab. Welche Arten erkennst du, welcheTöne machen sie und wie verhalten sie sich untereinander?

Trete selbst in den Hintergrund und beobachte alles Leben um dich herum!

Im achtsamen Unterwegssein

stellt man beglückend fest,
dass Dinge erfasst werden,
die im eiligen Vorbeigehen
verborgen bleiben.

Kurt Haberstich

Ausruhen ist kein Stehenbleiben –
sondern ein Krafttanken.

Ernst Ferstl

Lebe jede Jahreszeit, wie sie kommt!

Atme die Luft,

trinke, schmecke die Früchte
und überlasse dich ihrem Einfluss.

Henry David Thoreau

Jede Stimmung,
die uns die Natur schenkt,
hat ihren besonderen Klang.

Friederike Weichselbaumer

Mancher muss *weit wandern*, bis er zu sich selbst findet.

Herbert Strobl

Wandern ist die

vollkommenste Art

der Fortbewegung, wenn man
das wahre Leben entdecken will.
Es ist der Weg in die Freiheit!

Elizabeth von Arnim

Die Welt ist

voller Wunder.

Man muss nur wieder
genau hinsehen.

Judy Parker

Es gibt Schönheit in der Natur,
die man nicht nachahmen kann.

Angelika Kauffmann

Die Freiheit am Meer
lässt uns ein Stück Urkraft spüren.
Wir atmen die salzige Luft und fühlen
die Ewigkeit.

Angelika Emmert

So groß und einfach die Welt am Strand,
nur Wind und Wolken, nur Meer und Sand.

Carl Peter Fröhling

Das Wasser verliert niemals *seinen Weg.*

aus Afrika

Folge dem Lauf des Wassers

Wer bei einem Streifzug durch die Natur auf einen kleinen Fluss oder Bach stößt, kann ihn nicht nur als Orientierungshilfe nutzen, sondern ihn auch genauer erkunden. Dabei gilt: Je kleiner der Wasserweg, desto spannender. Gehe mit dem Wasserlauf und finde heraus, durch welche Landschaften dich die Strömung bringt und wie sie sich dabei verändert. Mit unerschütterlicher Kraft findet das Wasser seinen Weg, egal, welche Hindernisse auch auftauchen.

Kann das belebende Element Wasser eine Inspiration für dich werden?

Wenn ich das Wunder eines Sonnenuntergangs oder
die Schönheit des Mondes bewundere,

weitet sich meine Seele.

Mahatma Gandhi

Natur erdet uns

und wir spüren intuitiv eine Entspannung,
die Körper und Seele aufatmen lässt.

Elfriede Engel

In Momenten
der Ruhe sind wir eine
stille Seefläche,
in der sich die Schönheit
der Welt spiegelt und in
die Tiefe eindringen kann.

Yvonne Mölleken

In Träumen, Spiegeln und Wasser
trifft man den Himmel und die Erde.

aus China

Frieden findet man
nur in den Wäldern.

Michelangelo

Der Baum

ist ein Wunder –
der Wald bewirkt Wunder.

Klaus Ender

Freude am Schauen

und Begreifen ist die schönste
Gabe der Natur.

Albert Einstein

In die Natur gehen, das Herz mit

Schönheit füllen,

damit die Freude bleibt.

Justus Paul

Nichts kann einem die *Tür zu sich selbst* besser öffnen als ein Spaziergang.

Mark Twain

In der Natur

durchströmt den Menschen
trotz all seiner Sorgen ein
wunderliches Wohlbehagen.

Ralph Waldo Emerson

Das Leben wird nicht

an der Zahl unserer Atemzüge gemessen,
sondern an den Momenten, die uns den Atem rauben.

Maya Angelou

Die Sonne geht auf und
der Tag beginnt zu atmen. Freue
dich, es ist auch dein Tag.

Paul Hufnagel

Wir von GROH wollen die Welt ein bisschen verschönern – mit liebevollen Geschenken, die glücklich machen.

GROH.DE

@die_geschenkverlage

Textnachweis: Wir danken allen Autoren bzw. deren Erben, die uns freundlicherweise die Erlaubnis zum Abdruck von Texten erteilt haben, sowie Ernst Ferstl, www.gedanken.at.

Bildnachweis: Cover: wingmar/E+/Getty Images
Innenteil: S. 2, 34, 51, 121: Westend61/Getty Images; 4: stock.adobe.com/ALEXSTUDIO; 7: stock.adobe.com/Mikhail Semenov; 8, 13, 17, 21, 29, 30, 57, 64, 90, 106, 115, 118: Shutterstock.com; 11: stock.adobe.com/Microgen; 14: Artur Debat/Moment/Getty Images; 18, 48: Schon/Moment/Getty Images; 2: stock.adobe.com/Karrrtinki; 24, 87: stock.adobe.com/XtravaganT; 26: stock.adobe.com/EdNurg; 33: Anton Petrus/Moment/Getty Images; 36: kakub1n/Moment/Getty Images; 38: stock.adobe.com/Alekss; 41: stock.adobe.com/martinhosmat083; 42: stock.adobe.com/zicksvift; 44: Christian Heerdegen/EyeEm/Getty Images; 47: stock.adobe.com/Katja Xenikis; 52: stock.adobe.com/sirintra; 54: stock.adobe.com/Inga; 58: stock.adobe.com/Song_about_summer; 61: stock.adobe.com/satori; 62: stock.adobe.com/goldi59; 66: stock.adobe.com/Stephen Davies; 69: stock.adobe.com/Vladimir Semenov; 70, 139: stock.adobe.com/ArturSniezhyn; 72, 133: stock.adobe.com/icemanphotos; 75: stock.adobe.com/zhukovvvlad; 76, 110: James O'Neil/Photodisc/Getty Images; 78: RelaxFoto.de/E+/Getty Images; 81: stock.adobe.com/JulietPhotography; 83: stock.adobe.com/lovelyday12; 84: W i l m A n d i PHOTOGRAPHY/500px Plus/Getty Images; 88: stock.adobe.com/QuietWord; 93: stock.adobe.com/Leonid Tit; 94: stock.adobe.com/rustamank; 97: ChrisHepburn/E+/Getty Images; 98: Martin Ruegner/Stone/Getty Images; 101, 143: the_burtons/Moment/Getty Images; 102: stock.adobe.com/Sanga; 105: Roberto Moiola/Sysaworld/Moment/Getty Images; 109: stock.adobe.com/dihetbo; 112: stock.adobe.com/Andrija; 116: stock.adobe.com/tibor13; 122: stock.adobe.com/alter_photo; 124: stock.adobe.com/mRGB; 127: stock.adobe.com/Patrick Daxenbichler; 129: stock.adobe.com/Gunnar Assmy; 130: stock.adobe.com/twingomaniak; 135: swissmediavision/E+/Getty Images; 136: Morgan Somers/E+/Getty Images; 140: Liliya Krueger/Moment/Getty Images.

Cover und Layout: Christin Bussemas Ampersand loves
Satz: Editors Genie | Udo Rehmann, Feldafing
Gesamtherstellung: Printfactory, Istanbul

Aus Verantwortung für die Umwelt hat sich die Verlagsgruppe Droemer Knaur zu einer nachhaltigen Buchproduktion verpflichtet. Der bewusste Umgang mit unseren Ressourcen, der Schutz unseres Klimas und der Natur gehören zu unseren obersten Unternehmenszielen. Gemeinsam mit unseren Partnern und Lieferanten setzen wir uns für eine klimaneutrale Buchproduktion ein, die den Erwerb von Klimazertifikaten zur Kompensation des CO_2-Ausstoßes einschließt. Weitere Informationen finden Sie unter: www.klimaneutralerverlag.de

Atempausen in der Natur
GTIN 978-3-8485-0207-3

www.geschenkverlage.de

MIX
Papier aus verantwortungsvollen Quellen
FSC® C130076

1 2 3 4 5